DE PASSAGE DANS TA VIE

DE PASSAGE DANS TA VIE

Yasmine Feydel

© 2023, Yasmine Feydel
Édition : BoD – Books on Demand, info@bod.fr

Impression : BoD – Books on Demand,
In de Tarpen 42, Norderstedt (Allemagne)
Impression à la demande
ISBN : 978-2-3221-7945-9
Dépôt légal : Mars 2023

À toi qui m'as inspirée,
Aux amoureux.ses de l'amour,
À celleux qui pensent que tout est possible.

Sommaire

Premier amour

Et quand je t'ai rencontré,
Jamais je n'aurais pu penser
Que je finirais par t'aimer autant,
L'amour n'était pas dans mes plans.

Et j'étais encore loin d'imaginer
Ce que j'étais capable d'éprouver
À l'égard d'un inconnu venu bouleverser
L'entièreté de ma destinée.

Comment expliquer ce feu de joie
Que tu as su faire naître en moi ?
Comment trouver les bons mots
Pour décrire ces frissons si beaux ?

Première expérience,
Tant de choses à découvrir,
La suite en suspens,
Tant à écrire…

Attends ! Écoute-moi un instant…

J'ai toujours voulu te dire une chose : sais-tu que tu ne me laisses pas indifférente ?

Oui,

quand tu plonges tes yeux dans les miens, je perds tous mes moyens. Tu me rends si fragile, sans défense, mais le pire, c'est bien quand tu souris jusqu'aux oreilles.

Oui,

ce sourire de tombeur me retourne complètement. Je sens alors des papillons voler et tourbillonner pour réaliser leur plus fabuleux ballet au creux de mon ventre.

Oui,

parfois, j'aimerais devenir un de ces papillons pour m'envoler jusqu'à toi, ce serait mon plus beau voyage. Et comme « le plus important, c'est l'atterrissage[1] », ce n'est qu'une fois dans tes bras que je serai enfin comblée.

Oui,

tu es un ange tombé du ciel pour m'offrir mille et une merveilles. Mais sais-tu seulement laquelle est la plus belle parmi toutes celles que tu m'as offertes ? Non ?

Oui,

doucement, je vais te le dire. C'est bien cette magnifique plume blanche, d'une pureté incomparable, si précieuse pour moi.

Merci, mon Ange.

---

1. Parole tirée de la chanson « Dis-moi que tu m'aimes » de Ninho.

Tout a commencé par un message, suivi d'une infinité,
Doucement, une nouvelle complicité s'est installée,
De parfaits inconnus pour se découvrir âmes sœurs,
Loin des vices cachés et de toutes les mœurs.
Je veux t'aimer en secret au creux de l'oreiller,
Je veux t'aimer à en avoir le souffle coupé.

Fais-moi perdre la raison,
Vivons pleinement notre liaison,
Je veux t'admirer chaque jour
Sous les rayons du soleil,
Pouvoir caresser pour toujours,
Ta peau qui m'émerveille.

Ensemble nous goûterons à l'Amour et à l'euphorie de la vie,
Je me perds dans ton regard pour me retrouver dans tes bras,
Je cherche mes mots alors qu'ils sont là, sur tes lèvres rosies,
Je te désire chaque instant, et seul ton nom résonne en moi.
Tu es la perfection incarnée, comme un prince des contes de fées,
L'allégresse que tu m'offres efface désormais la conformité.

Loin de toute monotonie
Depuis que tu partages ma vie,
J'en oublie mes problèmes
Dès que tu me dis que tu m'aimes,
Près de toi le silence rime
Car c'est sans bruit que l'on s'exprime.

Je découvre l'amour à tes côtés,
La nouveauté de ces sentiments,
La douceur de ces sensations,
Comme les premiers papillons
Qui te chatouillent tendrement
Ou ce sourire tellement plus léger.

Je découvre le monde différemment,
Guidée par mon cœur euphorique
Je vois les choses autrement,
Le regard changé brusquement,
Par un inconnu au caractère idyllique
Se montrant irrésistiblement charmant.

Tu me fais virevolter,
J'ai déployé, à tes côtés,
De nouvelles ailes colorées,
Je me sens renaître, papillonner.

Pour mon Petit Ange,

Aujourd'hui je me saisis de ma plus belle plume, tu sais, celle que tu m'as offerte.

Je voulais t'écrire ces quelques mots, au début j'avais un fouet de pâtisserie, le cran de t'envoyer un message et maintenant, regarde-moi, plume en main et l'envie de t'écrire, chaque jour un peu plus. C'est vrai que je ne veux plus m'arrêter, je voudrais que chacun de mes mots te soit adressé, tout comme mes virgules en espérant ne jamais avoir à mettre de point final à notre histoire.

Je voudrais que celle-ci dure indéfiniment, car mon amour est inépuisable, tout comme mon encre. Et je ne sais même plus comment l'exprimer tant mes sentiments ont pris de l'ampleur pour toi.

Te dire « Je t'aime » n'est plus suffisant, plus assez fort. Tu es devenu tellement pour moi, Petit Cœur, tu me manques, on se retrouvera bientôt, je l'espère.

Avec tout mon amour,
Affectueusement,

Ta Princesse

Ça fait longtemps que j'en rêvais,
Puis c'est devenu une réalité.
J'avais écrit en sous-entendus
Pour que tu comprennes, puis je t'ai eu.

Et j'en ai perdu tous mes mots,
J'écris et j'efface sans arrêt,
Comme si je n'avais pas réalisé.
Tu es tel un magnifique joyau.

Mais pas seulement, car à mes yeux,
Tu es mille fois plus précieux
Que ces quelques lettres accolées,
Tu es celui avec qui je veux tout partager.

Je veux être celle qui te comblera
De bonheur, celle qui te protègera
De la vie et qui t'aimera à la fois,
Pour toujours, je veux ce toi et moi.

Je ne veux pas être la princesse d'une nuit,
Non, je veux être ta reine pour la vie,
Embrasse-moi encore, et serre-moi
Dans tes bras, je resterai avec toi.

Et puis de toute façon,
Tu me fais perdre la raison
Je perds pied quand tu me parles
Et plus encore dès que tu m'appelles ma Perle.

Cœur à corps

Lentement, nous nous sommes rejoints au centre de la piste,
Délicatement, nous nous sommes glissés dans tes draps améthyste,

Tes mains caressant ma peau nue par effleurements,
Mon regard rivé vers tes magnifiques yeux émeraude scintillants,

Un frisson de plaisir parcourt mes membres endoloris,
Des ondes de désir envahissent mon corps dès que tu souris,

L'envie consume nos deux êtres qui s'enflamment d'un coup,
Quand je viens enfouir mon nez dans le creux chaud de ton cou,

Nos lèvres roses et bouffies s'embrassent,
Pendant que nos bras doucement s'enlacent,

L'un contre l'autre, nous entamons une première danse,
Durant laquelle nous entrons dans une éternelle transe,

Ensemble, nous ne formons plus qu'un, nous partageons tout,
Jusqu'à notre sang, nous nous sommes liés, pour former ce **Nous**,

Que j'aime tant employer quand tu me prends la main,
« À notre amour pour toujours » celui qui ne connaîtra pas de fin.

Avec toi,
Ce n'est plus de la joie,
C'est de l'euphorie,
De l'**allégresse**.

L'amour, ce sentiment si souvent décrit
Et pourtant jamais réellement écrit
Qui résulte de l'alliance de deux vies,
Pas seulement le temps d'une nuit.

De la passion de la jeunesse,
À la raison de la vieillesse,
De l'effleurement d'une caresse,
À un baiser tout en délicatesse.

L'union de nos deux êtres prêts à tout
Pour construire et faire vivre ce **Nous**
Sur un nuage quotidien éternellement doux
Ivres de bonheur, nous serons comme deux fous.

L'Amour, le vrai, est un délicieux panel de saveur
Dont se dégage un exotisme sans précédent
Avec un raffinement capable de vaincre la torpeur,
Un mélange d'ingrédients subtil et élégant.

Cette passion demande une alchimie sans nom,
C'est le partage de multiples désirs intenses,
Un renouveau nous faisant découvrir la perfection,
De quoi redonner un sens à notre existence.

À toi qui me rends euphorique, qui me combles de bonheur,
À toi qui m'as redonné confiance en moi de nombreuses fois,
Merci pour tout, merci d'éloigner mes doutes et mes peurs,
Sache que je t'aime, et pour toujours, je veux prendre soin de toi.

Brutale défaillance
Quand se brise la confiance,

Retour à la réalité
Quand le conte de fées est terminé.

Retour
à la réalité

Toi et moi, c'était **parfait**...

...puis un jour, tu nous as **brisés**.

Premier amour,
Première respiration,
Nouvelle inspiration.

Dernier jour,
Première déception,
Nouvelles résolutions.

Enfant,

J'ai connu les romans,
Les histoires d'amour,
Les histoires de toujours.

J'ai connu des livres,
Qui m'ont donné envie
De le vivre et le revivre.

J'ai connu les films, les séries,
Et de nombreuses chansons
Qui contaient l'utopie, oubliant la raison.

Adolescente,

J'ai connu l'avant-descente,
Avant de tomber du nuage,
Avant que la réalité ne fasse rage.

J'ai connu l'amour,
Celui qu'on croit pouvoir faire durer chaque jour,
Quand tout est encore beau.

Et j'ai connu l'après, comme une descente sous l'eau,
Quand les larmes ne cessent de couler,
L'illusion est brisée : le conte est terminé.

Du premier amour, il a défailli au premier ex
Mais si je tends à croire ce que l'on dit de son sexe,
Cela serait tout à fait dans sa petite nature
De ne point pouvoir se montrer apte à être mature.

*– Romance au **passé** –*

Ange, tu m'as déçue,
Ange, tu m'as déchue,
Me voilà donc revenue,

Retour à la réalité compliqué,
Difficile d'abandonner la beauté
De l'amour utopique, de cette vie rêvée.

À mes yeux tu étais le seul, l'unique,
À mes yeux tu étais parfait,
À mes yeux tu étais tout.
Mais pourquoi y ai-je cru ?

– Tristesse sans filtre –

Jeux dangereux,
On a trop joué avec le feu.

On avait les outils pour se construire
Pourtant on a préféré se détruire,

Quand a-t-on vrillé comme cela ?
Qu'est-ce qu'on vient de faire là ?

Je t'aimais,
Tu m'aimais,

On a trop joué avec le feu,
L'amour est un jeu dangereux.

Un cœur de feu,
Un cœur de glace,
Pour un océan de larmes.

Des mots brulants,
Des sentiments gelés,
L'amour se noie lentement.

D'une chaleur consumée
À une ambiance glaciale,
Perles de sel au creux des joues.

Des lèvres délaissées,
Les mains vides, moites,
Une absence présente.

Un quotidien bouleversé,
Ton odeur sur les draps,
Une solitude retrouvée.

Un goût amer de finalité,
Un être seul, abandonné,
Pour une tristesse isolée.

Réapprendre à vivre ; sans toi,
Et te garder au plus loin ; de moi,

Laisser partir

Ton sourire,
Tes mots,
Ta voix.

Finir par garder

Les souvenirs,
Les maux,
Et moi,

Te garder au plus loin   de moi,
Et réapprendre à vivre   sans toi.

Et quelquefois, j'aimerais juste un câlin,
Une personne qui me dit que tout ira bien,

Des bras, des mots réconfortants
Murmurés à l'oreille tendrement,

J'ai envie d'être rassurée,
Comme si j'étais une enfant,

J'ai envie à nouveau d'être aimée,
Comme jamais auparavant…

Tiroir à souvenirs
Entre rires et sourires,

Près de nos bons moments
Se cache sûrement

Notre amour.

– Le premier amour c'est tellement doux.

– Doux ?

– Oui, dou(x)loureux.
C'est agréable, tendre et délicat puis le retour à la réalité est violent.
Le rêve t'échappe, tu le vois glisser entre tes doigts et tu ne peux rien y faire.
Le rêve t'échappe et tu dois réapprendre à vivre sans ce premier amour.
Le rêve t'échappe et tu dois y faire face.

– Et tu as réussi ?

– Oui, je l'ai aimé de tout mon cœur, je l'ai chéri de tout mon être, mais ça n'a pas suffi. Alors j'ai pansé mes blessures, je me suis relevée et puis j'ai dansé.

– Dansé ? Mais pourquoi ?

– Pour lui montrer que j'étais plus vivante que jamais.
Alors, j'ai dansé, valsé, tourbillonné sous le soleil, mais aussi sous la pluie, le jour comme la nuit, partout où je pouvais.
J'ai dansé comme pas permis, comme si toute ma vie en dépendait.

Amours

secrètes

Un sourire en coin

Amour secret,
Regards discrets,
Sentiments cachés.

Amoureuse de sa voix,
Touchée au premier sourire
Par ton petit air narquois,
Au point d'en rougir.

Je rêve de nous deux,
Assis côte à côte,
Les yeux dans les yeux,
Sous une lune étincelante,

Avec comme une envie
De t'écouter toute la nuit.
La douceur de l'instant
Bercé par ton rire puissant,

Qui ravive ma flamme éteinte,
Me fait rayonner de toutes les teintes,
Et me replonge dans ce bonheur perdu,
Je me retrouve comblée, sans retenue.

Et si on s'aimait ?
On incendierait
Le quotidien
De tes yeux dans les miens.

Un éclat, une étincelle
Pour oublier les perles de sel
Versées pour un passé
Qui nous a délaissés.

Une nouvelle flamme
Qui ravive nos âmes,
L'espoir de l'amour
Nous anime chaque jour.

Le début d'un songe éveillé
Que je refuse de terminer
Pour vivre bercée par la douceur
De la chaleur de ton cœur.

Et si on s'aimait ?
Simple, la vie deviendrait,
Une caresse, un regard discret
Et je n'en serai que plus apaisée.

Premier jour,
Deuxième semaine,
Trois mois et même un an…

L'horloge attend,
Les aiguilles règnent
Sur le temps qui court.

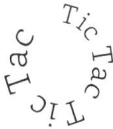

Ça y est, je le vois encore,
Mon cœur bat de plus en plus fort,

Boum.

Boum.

Boum.

Il passe devant moi sans s'arrêter,
Nos regards se rencontrent,
Nous sourions tous les deux.

Le temps file vite, lui continue à marcher,
Et dans la foule, je le vois disparaître,
Je grave alors cet instant heureux.

Boum.

Boum.

Boum.

Vivre ,
Piquée à l'amour,
Vivre encore et encore,
Car je suis amoureuse de l'amour.

He's like the sunshine of my world[1] ☼

1. Il est comme le soleil de mon monde.

Amoureuse du ciel
Comme de tes prunelles,

Je désire un avenir ensoleillé,
Un quotidien comblé à tes côtés ;

Fais-moi voler, je veux m'émerveiller,
Fais-moi vivre, je ne veux rien regretter.

Dansons sur des nuages de bonheur rose,
Chantons des nuées de vers en prose.

Parce que je veux exister, pleurer de joie,
Avoir mal au ventre à force de rire aux éclats.

Je veux me sentir vivante, plus que jamais,
Je veux te sentir aimant, plus que jamais,

Parce qu'avec toi je veux vivre pleinement,
Dangereusement, au-delà de tout règlement,

Pour vivre dans les plaisirs interdits,
Et frissonner des désirs du paradis.

Danser avec mes fantasmes,
Tournoyer avec ton âme,

Valser avec mes émotions,
Dans un cœur à corps de fiction,

Réaliser dans mes rêves, un tango,
Entre nos fantômes si beaux,

Quatre et un, deux-trois
Cha-cha-cha.

Et chaque fois que je croise son regard,

Mon cœur retient sa respiration,
Mon corps est en ébullition,
Et je souris bêtement,
Mais tendrement.

L'euphorie atteint son apogée,
Mes sentiments pourpres,
Sont en état d'ébriété,
Tellement ivres.

Et chaque fois que je croise son regard,

Je suis obnubilée par sa beauté,
Ses charmes si irrésistibles,
J'aime le regarder passer,
Mais c'est inavouable,

Du moins, je n'ai pas le courage,
De lui dire qu'il me plaît,
J'ai l'amour volage,
L'amour secret.

Rêverie de lycée,
Envie d'exister,
Amourette de jeunesse.

Et puis au cours du temps,
S'estompent les sentiments,
Doucement, doucement,
Diminuent les battements.

Nos sourires quotidiens
Deviennent finalement
Une habitude sympathique,
Une simple mimique.

Alors mon cœur,
Bondit ailleurs.

Une nouvelle passion
S'écrit loin de la raison.

Nouvelle page
Retour à la ligne
Chapitre suivant
Marques d'une **nouvelle rencontre.**

Une passion partagée ?

Coup de Foudre :

(définition poétique)

1. Défaillir au premier regard sous son charme électrisant.
2. Sentir une connexion court-circuiter mon cœur à ne plus pouvoir en détourner les yeux.
3. Éclairs de sentiments et passion foudroyante.

Synonymes : son visage, son prénom, lui…

Âme heur**euse**

Fais-moi b**riller**
Fais-moi v**riller**

Fais-**moi** rayonner
Fais-**moi** étinceler

Je veux deven**ir** ton sol**eil**
Le sour**ire** qui t'émerv**eille**

Amour**euse**

Et je ne sais pas pourquoi
Mais c'est si simple avec toi,

Tout devient si facile et j'en reste perplexe.
Moi qui suis habituée à tout rendre complexe,

J'aime cette sensation de me laisser vivre
Que toi seul as pu me faire découvrir.

Et juste en pensant à ton petit air,
Je me sens de suite plus légère

Comme si tu m'avais ôté d'un poids
Que tu révélais au monde la vraie moi.

Parce que tu as su lire entre lignes,
Comprendre tous les signes,

Comme si c'était nous depuis toujours
Et que ça continuerait chaque jour.

Tu m'as comprise, tu m'as aimée,
Tu m'as chérie, tu m'as montré

Qui tu étais, dans la vulnérabilité,
Dans ce que tu savais si bien cacher,

Mais aussi dans l'apothéose,
Dans ces moments de joie grandiose.

Je ne saurais pas vraiment dire ce qui me plait
Chez toi, peut-être est-ce ta sincérité,

La profondeur de ton âme si belle,
Ton courage et ton côté rebelle,

En fait c'est surtout l'ensemble
De tous ces détails qui te rendent si agréable,

Qui font de toi une personne magnifique
Et pour moi, tout simplement idyllique.

Partager à tes côtés
Des instants de simplicité,
De rires et de douceurs,
Pour réchauffer nos cœurs
Abîmés par les aléas de la vie.
Passer des après-midis,
Ensemble, à profiter du soleil,
À se comprendre en un coup d'œil,
Ton regard posé sur moi,
Mon envie d'être dans tes bras.
J'aimerais pouvoir crier
Tout ce que je ressens, charmée,
Voire enchantée depuis que je te connais,
Par toi, je suis totalement envoutée.
Que m'as-tu donc fait ?
À ton pouvoir, j'ai cédé.

- Irrésistible -

I'm thinking about you
all the time[1] 🖤

1. Je pense à toi tout le temps.

10 choses à faire ensemble un jour

1. Danser sous la pluie

2. Prendre un bain de minuit

3. Comme dans les films, faire l'ange dans la neige

4. Passer un été à la plage

5. Boire un chocolat chaud sous une bonne couette

6. Partir sur un coup de tête

7. Faire des cookies à 3 heures du matin

8. Passer la journée à faire les magasins

9. Faire le tour de l'Italie

10. S'aimer toute la vie

J'ai envie que tu m'embrasses,
J'ai envie que tu m'enlaces,

Je veux que tu me vois,
Que tu me serres contre toi,

J'ai envie de sentir ton corps contre le mien,
J'ai envie de la douceur de tes mains,

Je veux ton parfum sur ma peau,
De la sincérité dans tes mots,

J'ai envie de tendresse,
J'ai envie de délicatesse,

Je veux ta sensibilité, ton émotivité,
Je veux simplement t'aimer.

Et quand nos moments de joie se sont envolés,
Mon sourire, lui est resté, attisé par ton souvenir,
Par ton visage, ton charme, tes éclats et nos rires.
T'aimer même quand tu n'es pas là, de journées

En journées, chaque fois un peu plus fort,
Et même dans la nuit, quand toi tu dors.
T'aimer sans limites et sans frontières,
Briser, pour te rejoindre, chaque barrière

Qui se dressera en travers de mon chemin,
En attendant de te revoir, dans un jour prochain.
Depuis que je te connais, je danse avec le bonheur,

Tu es le soleil qui éclaire ma vie, qui me fait rayonner,
Celui qui rend tout si simple, même le plus compliqué,
Depuis que je te connais, j'ai repris des couleurs.

*– **S'endormir** avec le **sourire** –*

*– Penser à **lui** –*

Je ne saurais jamais décrire
Ce que tu as su me faire ressentir

– Sentiments **puissants**, *mots* insuffisants *–*

Réunir tout son courage
Pour lui révéler dans un message
L'intensité de ses sentiments
Trouver une amitié plutôt qu'un amant.

– Amour non réciproque –

On n'a qu'une vie
Alors je l'ai fait, je lui ai dit
Et maintenant ?
Je fais comment ?

– Histoire à revoir –

Je t'adore et tu le sais, tu as toujours
été là pour moi, dans les bons comme
dans les mauvais moments alors moi
aussi, je serai toujours là pour toi

*– Touchée en plein **cœur**,*
*prise par les **sentiments** –*

Et alors l'espoir n'a pas pu s'empêcher
De pointer le bout de son nez,
Pour attiser mes sentiments,
Éveiller mon cœur aimant,
Parce que pour toi,
Je serai toujours là.

Et puis pendant des heures,
Des jours,
Des mois,
Des années,
Ses mots ont continué à résonner.

*– Gravés en **lettres d'or** –*

Merci à toi,
Merci beaucoup,
Merci pour tout,
Merci d'être là.

Tu m'as encouragée,
Tu m'as motivée,
Tu m'as fait grandir,
Tu m'as fait sourire.

Et sans toi,
Je n'en serais pas là,
Où j'en suis
Aujourd'hui.

Nuit et jour
Tu fais partie
De ma vie
Et ce, pour toujours.

*– À jamais dans mon **cœur** –*

L'inconnue

Première fois,
Qui que tu sois,
Tu m'obnubiles
Et me rends fébrile.

Je te trouve vraiment magnifique,
Tu as ces détails juste magiques,

Comme la douceur de ton sourire,
Ou la chaleur de tes éclats de rire,

J'aime tout chez toi, de tes lèvres
À tes cheveux qui me rendent fièvre,

Tu as ce charmant visage angélique,
Qui exprime tes adorables mimiques.

Tu as ce petit plus, cette indifférence,
Ce regard malicieux plein d'insolence.

Tu me fais perdre la tête, chère inconnue,
J'aimerais tellement savoir : qui es-tu ?

On ne se connait pas, mais c'est comme si,
Plus je te regarde, et plus je me dis
Que nous deux, c'était écrit.

J'ai déjà dû t'aimer dans plusieurs vies
Impossible autrement que l'infini,
Nous deux, c'était écrit.

*– Rencontrer sa **destinée** –*

Reine de mon cœur,
Éloigne mes peurs,
Et à toute heure,
Fais-moi jouir de bonheur.

Premier baiser,
Je n'ai qu'un souhait :
Qu'il dure toute une éternité.

Sur une petite plage cachée,
Toutes les deux sur des galets,
Le soleil arrive à son apogée,
Nos corps sont encore trempés

Et de tes mains pour l'instant sages,
Tu commences un massage,
À l'huile dorée, parfum coco,
Qui vient adoucir ma peau.

Tu émoustilles chacun de mes sens,
Allumes ma féminité décomplexée,
Et viens réveiller mes désirs ardents,
Pour oublier juste un temps la romance.

Au rythme de nos souffles saccadés,
Je veux vivre une histoire endiablée,
Tout partager jusqu'à notre intimité,
C'est dans tes bras que je suis en sécurité.

Une tendre brise vient nous caresser,
Alors que sous les palmiers,
Nos deux corps viennent s'emboîter,
Comme une envie de rester jusqu'à la nuit tombée.

Ciel bleu
Comme tes yeux,
Regards langoureux.

Une histoire d'amour
Au goût de toujours,

Parfois un peu épicée,
Souvent très passionnée,

Une petite touche exotique
Sous le soleil des tropiques,

Le mélange de deux cœurs
Aux multiples saveurs.

Je vais vous décrire
Un amour, qui fait sourire,

Entre éclats de folie
Et joies infinies,

Une histoire d'un soir
Prolongée par l'espoir,

Une à l'eau de rose
Qui ne connait aucune pause,

Une des histoires que l'on aime regarder
Dans les soirées froides d'hiver, à la télé.

On se complète mutuellement,
Elle me chérit affectueusement,

Et je réplique tendrement,
Je l'enlace délicatement,

Elle me rend irresponsable,
Et même déraisonnable,

Avec toi je suis épanouie,
Avec toi je suis en vie.

Pendant nos discussions,
Je me perds dans ton regard,
Dans le cosmos de tes pupilles,

Étincelantes de tes émotions,
Tes yeux tendent au bavard,
De mille feux, ils scintillent.

Tu m'inspires,
Et je voudrais écrire,
Chaque moment avec toi,
Chaque instant dans tes bras.

Mais ma plume ne suffit pas,
Pour redessiner tes éclats,
Elle n'est pas à la hauteur,
De ton sourire ravageur.

Rien ne peut t'égaler,
Ni même te surpasser,
Unique dans l'excentricité,

Tu te détaches des autres avec aisance,
Tu me fais rêver, pleine d'espérance,
Et dans les étoiles de tes yeux,
Je peux lire un avenir à deux.

Vivre avec toi
Le cœur en émoi,
Au creux de tes bras.

Vivre ensemble, heureuses,
Une existence mielleuse
Et surtout amoureuse.

Vivre utopique,
Espérance idyllique,
Même dans l'instant fatidique.

Des gestes proférés tendrement,
À des sentiments puissants,
Je t'aime sincèrement.

Vivre d'amour,
Tous les jours,
Pour toujours.

Vivre avec toi,
Le cœur en émoi,
Au creux de tes bras.

Boutons de rose
Et perles de prose
Tu fais fleurir mon cœur,
Mon printemps de toute heure.

– 20 mars 2022 –

Un goût de toujours,
Effluves de pomme d'amour
Passion des jours.

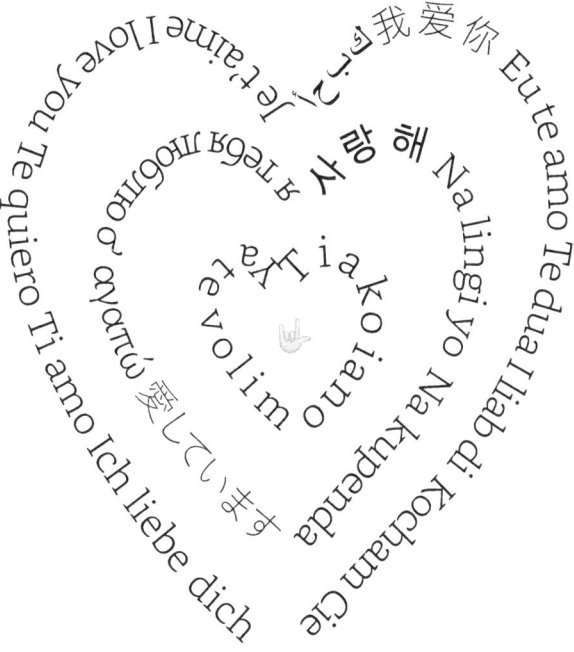

Je t'aime dans toutes les langues,
Mais celle que je préfère reste la tienne !

Je t'aime comme si chaque jour était le ***dernier***,

Je t'aime

Comme si nous n'étions que deux sur cette ***planète***.

Tu fus comme un éclair
Dans ma vie,
Tu m'as apporté lumière
Dans la nuit,
Tu m'as rendu l'envie
Dans l'ennui,
Puis tu es repartie
Dans un bruit
– Fracassant –

Rupture

J'ai fermé les yeux,
Et tu t'es évadée,
Un adieu douloureux,
Une vie déchirée.

Je redoutais ce qui est arrivé
Mais aurais-je pu réellement l'éviter ?
Est-ce ma faute si tout est terminé ?
Je ne cesse de te voir danser,
Près de moi, durant ces longues soirées.
Je ne cesse de me demander
S'il existe quelque part une possibilité,
Que toi et moi finissions comblées,
Comme dans les séries télévisées
Et, les contes de fées…

*– Questions en **suspens**, rêves toujours plus **brisés** –*

Tel un orage,
T'as fait des ravages.

Sur ton passage,
T'as laissé un carnage.

La mer a débordé,
Les éléments étaient déchainés.

Mon cœur, tu l'as inondé,
Mes sentiments sont dévastés.

Mon corps délaissé,
Mon esprit abandonné.

Tu n'es pas la première personne à me quitter,
Et encore moins la dernière, mais
Tu es celle dont je redoutais le plus l'absence,
J'avais senti notre éloignement, j'en avais conscience.
Tes mots me manquent déjà,
Et mes maux reviennent déjà.
Peut-être étais-je trop présente,
Ou pas assez absente.
J'aime sans compter,
Sans même me protéger
Et je l'ai ressenti,
Rien n'est écrit
Jusqu'à ce que ce soit fini,
C'est un triste ressenti.

Comment continuer à tourner les pages
Quand je la retrouve dans chaque chapitre ?

Elle,

Elle qui m'a enchantée, qui m'a charmée. Je n'arrive pas à me défaire de son emprise.
Elle qui habite mes pensées, et les gouverne comme une reine, nuit et jour, sans relâche.
Comment avancer dans mon histoire sans qu'elle n'en soit le personnage principal, sans qu'elle ne soit l'héroïne, mon héroïne ?

Chaque jour qui passe tu me manques un peu plus, chaque seconde, chaque minute, chaque heure qui s'écoule me fait mal lorsque tu n'es pas là pour veiller sur moi.
Ta présence m'a sauvée, ton absence me détruit.
Même ma plume n'a que ton nom à la bouche, je n'arrive plus à écrire sans que ça ne tourne autour de toi.

Toi, toujours toi…

Je ne pensais pas
Que c'était possible d'avoir le cœur aussi brisé,
Je n'en mange plus,
Je n'en dors plus,
Je n'en vis plus,
Je ne suis plus qu'une simple poupée de chiffon oubliée
Je ne sais plus : qui suis-je ?
Où même suis-je encore ?
Je me suis perdue
Depuis que tu es partie,
Et tu as certainement emporté une partie de moi.
Alors, maintenant comment faire
Sans cette partie
Que tu m'as volée ?
J'attends en vain des réponses qui ne viendront pas

*– Devoir **se retrouver** –*

J'ai écrit…

J'ai écrit
Des messages
Que j'ai fini par supprimer.

J'ai écrit
Des lettres
Que j'ai fini par déchirer.

J'ai écrit
Des notes
Qui s'accumulent dans mon portable.

Et j'ai écrit
Des poèmes
À ne plus savoir quoi en faire.

J'ai écrit
Parce que je ne savais plus parler,
Parce que c'était la seule chose qui me reliait encore à toi.

J'ai écrit
Pour ne plus penser,
Pour oublier.

J'ai écrit
Pour guérir,
Pour continuer à vivre.

*— Parce qu'**écrire** était la seule chose qui me restait pour **aller mieux** —*

Et j'aimerais tant te voir rentrer,
Passer à nouveau le pas de cette porte
Pour que mes larmes cessent enfin de couler.

J'aimerais être dans tes bras,
Ne serait-ce qu'une fois encore,
Je voudrais te sentir près de moi.

Je te vois dans chaque visage inconnu,
Et je ne cesse de penser à ton adieu,
Sans toi, je suis tellement perdue.

Jamais, je n'aurais cru à notre fin,
Jamais, je n'aurais pu l'imaginer,
Et je n'arrive plus à avancer sur ce chemin.

C'est difficile et je n'y arrive plus,
Reviens, s'il te plaît, j'ai besoin de toi,
Reviens et ne me laisse plus.

J'ai essayé de t'oublier
Comme on me l'avait conseillé,
Mais plus j'essaye et plus j'y pense,
Mes blessures restent ouvertes, je les panse
Pourtant, rien n'y fait, je n'arrive pas à les guérir,
Je suis meurtrie depuis que j'ai rencontré ton sourire.
Dans mon portable, les notes à ton nom un peu plus s'empilent,
Dans ma galerie, chaque jour, toutes nos anciennes photos défilent,
Me rappelant notre histoire du début à la fin dans une boucle sordide.
Et si je n'ai jamais réussi à tout supprimer, c'est parce que j'ai peur du vide,
Peur de la vie sans toi, de réaliser que tu as quitté mon quotidien,
Que tu n'es plus là pour me maintenir dans le droit chemin.
Je suis seule, et j'ai peur, j'ai peur d'un avenir sans toi,
Je ne sais pas comment je peux affronter le futur,
Je pensais que nous serions un couple qui dure,
Avec la fin heureuse des contes de fées .
Je le pensais tellement puis la réalité
M'a rattrapée telle une vicieuse,
Elle est venue, silencieuse,
Et puis, elle est repartie
Entre larmes et cris.

J'espère toujours me réveiller à tes côtés,
T'enlacer avant d'aller te faire un café,
Parce que je n'arrive pas à me résigner,
Non, ça ne peut pas être la réalité…

Des mois plus tard, tu es toujours là, tu te balades encore sans permission dans mes pensées.

Des mois plus tard mon cœur n'a cessé de battre pour toi.

Mais, j'avance, tu sais, je ne pleure plus devant nos photos, je ne t'écris plus après avoir bu, j'ai finalement rangé ce qui me restait de nous deux.

Tu vois, j'avance, comme tu me l'avais demandé, même si je pense toujours à toi et parfois mon cœur s'emballe quand je reconnais ton parfum, à l'approche de cette veste qui ressemble à celle que tu portais la première fois que je t'ai vue.

Mon cœur s'élance trop vite, et toujours pour de faux espoirs. Il devrait le savoir pourtant. Tu es partie. Tu m'as quittée, et tu as quitté cette ville, mais lui, il refuse, il s'obstine.

De toute façon, il n'y avait que toi qui savais me raisonner. Tu arrivais si facilement à me faire changer d'avis, j'aurais tout fait pour ton sourire, ton sourire qui me rend dingue.

Ma vie est bien plus sombre sans toi, c'est plus difficile de sourire ou de rire quand ce n'est pas avec toi.

Je n'ai pas réussi à rencontrer quelqu'un d'aussi drôle que toi et tu sais, je pense que ça n'existe même pas.

Personne n'est comme toi, c'est une certitude !

Tu sais, j'ai dit au début que j'avais avancé, donc même si ça me fait mal, je ne t'enverrai jamais cette lettre.

La fille qui pense trop à toi

Finalement les blessures de mon cœur ont bien cicatrisé,
Elles se sont refermées doucement quand le temps a passé.
Je pensais ne plus pouvoir avancer sans toi et pourtant, voilà,
Je me surprends moi-même, à chercher mon avenir ici et là.
J'ai réussi à surmonter notre rupture et à me retrouver
Ma vie a repris des couleurs et je me suis remise à espérer.
J'ai même arrêté de t'écrire, maintenant, je le fais pour moi,
Uniquement pour moi, chacun de mes mots décrit mes émois,
Et ils ne te sont plus destinés parce tu fais partie de mon passé,
Parce que j'ai réussi à clore le chapitre et que notre histoire est terminée.

Futures amours

- Amour futur ?

- Oui.

- Pourquoi ?

- Parce que je n'ai pas fini d'écrire. J'ai peut-être changé de chapitre, j'ai tourné les pages, mais l'histoire n'est pas encore terminée et tant que mon cœur continuera de battre, ma plume ne cessera de valser. Pourtant, je sais qu'il est difficile de faire confiance à nouveau après tant de déceptions, mais je suis en vie et oui, on m'a souvent blessé, on m'a mis de nombreux coups, mais on ne m'a jamais brisé et c'est ce qui fait ma force. La vie ne m'a pas épargné pourtant, j'ai toujours su me relever et avancer alors même si c'est compliqué, alors même s'il faut être naïf pour avoir confiance en la nature humaine : je continuerai d'aimer.

Et je continue de croire au prince charmant,
Je continue à écrire des contes de fées
En espérant qu'un jour, ils deviennent réalité
Parce que j'ai envie d'y croire longtemps.

Et je sais que je finirai par trouver ma moitié,
Cette personne qui saura si parfaitement
Comment me libérer, m'accepter et me compléter,
Peu importe le temps qui passe, des années durant.

Oui, un jour, je goûterai à l'amour véritable
Celui qui dure, dans une complicité agréable
Sans toujours être rose, il sera interminable,

Il sera d'une douce et délicate pureté,
Il sera certainement quelques fois un peu compliqué,
Mais il sera surtout profond et empli de sincérité.

Alors,
Ma plume continue de valser,
Encore et encore,
Elle continuera à noircir les pages
À l'encre de vie,
À l'encre de mes veines dorées,
La suite est à écrire...

De passage dans ta vie, j'écris pour **marquer** les esprits.

Remerciements

Merci.

Merci à ma maman qui a toujours été là pour moi, dans les hauts et les bas et qui m'a toujours soutenue dans mes projets.

Merci à mon entourage, à mes ami.e.s qui ont vu naître l'idée puis les premiers mots, les premières pages.
Merci de m'avoir encouragée, Judy, Manon, Mélusine et d'autres qui sauront se reconnaître.

Merci à Eriel de m'avoir permis de réaliser mon rêve. Merci de ton soutien inébranlable depuis le début, mais aussi pour ton aide qui m'a été très précieuse. Sans tes nombreuses relectures, tes corrections, tes commentaires, tes conseils, mais aussi sans ton travail incroyable sur la maquette intérieure et la couverture du recueil, rien de tout cela n'aurait pu être possible.

Merci à tous.tes celleux qui ont croisé mon chemin, à celleux qui ont inspiré ma plume que ce soit le temps d'une valse ou plus.

Et **merci** à vous qui avait lu ce recueil, à celleux qui me lise régulièrement sur mon compte Instagram @une_fille_trop_pensive **merci** pour votre soutien, pour tout ce que vous m'apportez.